COMMUNE DE POURU-AUX-BOIS

COMITÉ

DE

PROPAGANDE RÉPUBLICAINE

SEDAN

IMPRIMERIE DE JULES LAROCHE

GRANDE RUE, 22

1888

COMITÉ

DE

PROPAGANDE RÉPUBLICAINE

DE

POURU-AUX-BOIS

Le comité a pour but de soutenir les principes des droits de l'homme et du citoyen.

L'administration municipale élue aux dernières élections étant réactionnaire, tous les membres qui adhéreront doivent s'engager à se soutenir mutuellement dans le cas où l'un ou plusieurs de ses membres seraient lésés dans leurs droits par ladite administration.

ARTICLE PREMIER.

Le comité républicain démocratique et d'études sociales se propose de maintenir l'union entre républicains.

ARTICLE 2.

Le but du comité est progressiste.

ARTICLE 3.

Les questions sociales sont étudiées par le bureau ainsi que celles concernant le comité. Les solutions ne pourront être adoptées que par l'assemblée générale suivante.

ARTICLE 4.

Le nombre des membres du comité est illimité.

ARTICLE 5.

Les décisions de l'assemblée générale ne seront valables qu'à la majorité des membres présents.

ARTICLE 6.

Le bureau se compose de cinq membres nommés au scrutin secret à la majorité absolue; au second tour la majorité relative suffit. Aucun fonctionnaire public ne peut faire partie du bureau.

ARTICLE 7.

Le comité nomme le conseil et le secrétaire-trésorier, les membres du conseil présideront à tour de rôle en commençant par le plus âgé, celui qui présidera l'assemblée conservera ses fonctions jusqu'à l'assemblée suivante. Le secrétaire-trésorier aura seulement voix consultative.

ARTICLE 8.

Le président a seul le droit de convoquer le bureau ; toutefois, la convocation est de droit sur la demande du tiers du bureau.

ARTICLE 9.

En cas de partage dans un vote, la voix du président est prépondérante.

ARTICLE 10.

Le président convoque les assemblées générales ; mais, sur une demande motivée, signée de dix membres du comité, la convocation est de droit.

ARTICLE 11.

Le bureau est élu pour un an, son renouvellement ne doit pas coïncider avec une période électorale. Dans tous les cas, le mandat de chaque bureau ne doit pas dépasser une année, à moins d'une prolongation que l'assemblée générale lui accorde et quel que soit le nombre des membres du comité présents.

ARTICLE 12.

Seront considérés comme démissionnaires : les membres du bureau qui manqueront deux fois de suite aux réunions sans motifs valables ; cette démission ne sera acceptée qu'après décision de la majorité du bureau.

ARTICLE 13.

Le secrétaire devra dresser un procès-verbal de chaque réunion du bureau, ce procès-verbal devra recevoir l'approbation des membres présents à la réunion.

ARTICLE 14.

Le bureau devra toujours être représenté à l'assemblée générale au moins par la moitié de ses membres.

ARTICLE 15.

Chaque membre du comité payera en entrant un droit fixe de un franc et recevra, pour toute quittance, un billet nominatif contenant les statuts de la société, la signature d'un membre du bureau et l'acquit de ses cotisations annuelles.

ARTICLE 16.

Chaque membre payera, en outre, une cotisation annuelle facultative dont le minimum est fixé à soixante centimes.

ARTICLE 17.

Le livret étant personnel donnera seul le droit d'assister aux réunions du comité.

ARTICLE 18.

Nul ne pourra assister aux réunions s'il n'a payé sa cotisation.

ARTICLE 19.

Le non-payement d'une cotisation sera considéré comme équivalent à une démission.

ARTICLE 20.

Le comité étant constitué, nul ne pourra en faire partie s'il n'est présenté par deux membres et accepté par la majorité des membres présents du comité.

Article 21.

La dissolution du comité ne pourra être prononcée que par la majorité des deux tiers de ses membres.

Article 22.

Tout membre qui, pour une cause quelconque, aura cessé de faire partie du comité, ne pourra y rentrer qu'en se conformant aux articles 15, 16 et 20 des présents statuts.

Article 23.

En cas d'élection, les membres du bureau se réunissent aussitôt que le décret aura paru à l'*Officiel,* ils provoqueront une assemblée générale dans le plus bref délai possible.

Article 24.

En cas de ballotage, le bureau se réunit de nouveau et provoque immédiatement une nouvelle assemblée générale.

Article 25.

L'assemblée générale a toujours le droit de modifier les statuts.

ARTICLE 26.

Après chaque assemblée générale, il sera dressé un procès-verbal qui sera lu à la réunion suivante et soumis à l'approbation du comité.

ARTICLE 27.

Il ne peut y avoir chaque année moins de deux assemblées générales des membres du comité, les assemblées générales seront convoquées trois jours francs à l'avance.

ARTICLE 28.

Tout membre du comité qui aura commis un acte d'indiscrétion ou d'indignité relativement aux intérêts dudit comité sera, sur la proposition du conseil en assemblée générale, rayé de la liste du comité d'après un vote de la majorité.

NOM ....

PRÉNOMS ....

1888		1893	
1889		1894	
1890		1895	
1891		1896	
1892		1897	

NOM ....

PRÉNOMS ....

1898		1903	
1899		1904	
1900		1905	
1901		1906	
1902		1907